PETZI
AM NORDPOL

Eine Bildergeschichte

von Carla und Vilhelm Hansen

CARLSEN VERLAG
Reinbek bei Hamburg

„Hurra, die ersten Schneeflocken! Jetzt kann es gar nicht mehr weit zum Nordpol sein.“

„Ja, es ist schon sehr kalt. Da kommt übrigens einer, den fragen wir mal.“

„Hallo, guten Tag! Kannst du uns sagen, ob es hier zum Nordpol geht?“

„Ja, Petzi, der Kurs stimmt. Wenn ihr weiter so schnell fahrt, seid ihr bald da.“

„Den Ofen werden wir jetzt nötig haben. Den Rauch leiten wir durch den zweiten Schornstein.“

„Wenn wir am Nordpol ankommen, sollen beide Schornsteine rauchen.“

„Sieh mal bitte nach, Seebär, ob beide Schornsteine rauchen.“

„Klappt es, Seebär? Warte, ich werfe noch etwas Holz aufs Feuer."

„Aua! Was war das? Haben wir jemanden gerammt?"

„Wir haben einen Eisberg gerammt. Die MARY hat gehalten, aber Seebär ist weg!"

„Der Eisberg ist ganz verbeult! Hoffentlich müssen wir das nicht bezahlen.“

„Seebär! Wo bist du? Antworte doch bitte!“

„Ich glaube, Petzi, um Seebär brauchen wir uns keine Sorgen zu machen.“

„Seebär ist sicher gleich an Land gegangen. Sieh mal hinter den Eisklippen nach.“

„Da ist er ja! Er hat seinen Vetter Puck getroffen! Aber wer ist nun wer?“

„Ich weiß es: der mit der kleinen Pfeife und dem Anker auf der Brust ist unser Seebär.“

„Bist du ganz sicher, Puck, daß wir hier wirklich schon am Nordpol sind?“

„Wenn Puck das meint, muß es ja wohl stimmen.“ „Sieh mal, Pingo, die herrlichen Eisberge! Einen davon wollen wir aber auch besteigen, findest du nicht?“

„Halt, Petzi, das ist die falsche Richtung! Da geht es bergab!“

„Er ist einfach im Schneeloch verschwunden! Wie kriegen wir ihn da wieder heraus?“

„Wenn Petzi doch nicht immer verschwinden wollte! Das hält so auf.“

„Pingo, denke bitte etwas schneller nach. Kannst du überhaupt denken, wenn du den Kopf im kalten Schnee hast?“

„Halt, Pingo, ich hab's. Wir versuchen es mit der Korkenmethode. Paß auf!“

„Großartig, Puck! Er kam wirklich wie ein Korken aus der Flasche gefluppt!“

„Warte, Petzi, du sollst doch nicht wie ein Schneemann zum König kommen.“

„Solange wir in Seebärs und Pucks Fußspuren bleiben, können wir nicht im Schnee versinken.“

„He, Pingo, was ist los? Bist du etwa müde?"

„Es war meine Schuld, Freunde. Ich habe vergessen, mit den Ohren zu wackeln."

„Ja, ich bin im Schnee nicht zu sehen, weil ich ein so weißes Fell habe. — Das da ist übrigens Winfried Wind."

„Donnerwetter, der kann aber Schi fahren! So möchte ich es auch können."

„Zum König wollt ihr? Da kann ich euch helfen."

„Hier, steigt mit auf meine Schier. Pingo kann mit dem Schwanz steuern."

„Schnell, Pelle, spring auf, sonst kommst du nicht mit!“

„Hurra, Winfried, das macht Spaß! Schneller, schneller!“

„Na, hoffentlich kriegen sie die Kurve richtig und fahren nicht in die Schneehütten!“

„Hilfe, ich kann nicht halten! Pingo, steuer nach links, wir müssen abdrehen!“

„Wumm! Hoffentlich sind die Leute, die hier wohnen, gerade zum Einkaufen gegangen!“

„Hallo! Seid ihr noch alle da? Es ist so dunkel! Sagt doch etwas!“

„Nanu, wir stehen ja immer noch auf den Schiern. Und Petzi hat einen Tisch und eine Schüssel voll Brei!"

„Was gab es denn heute, Mutter? Ich hatte noch nicht angefangen."
„Brei, Vater, Reste von gestern."

„Schnell, Seebär, ich habe eine dampfende Schüssel gesehn!"

„Ihr wollt nicht mehr mitfahren? Wie schade, ich fand das sehr lustig."

„Entschuldigt bitte, es war nicht bös gemeint."
„Macht nichts, Petzi, wir mögen sowieso keinen Brei."

„Langt tüchtig zu, Freunde. Es ist das erste Mal, daß mein Brei jemandem schmeckt."

„Sie haben den Brei tatsächlich aufgegessen. Kein Wunder, daß die beiden müde sind."

„Klopf mal an, Pingo, aber nicht zu stark, sonst stürzt das Haus ein."

„Huch, das ist aber eine komische Begrüßung! Ob das hier so Sitte ist?"

„Ob die Schier für dich sind, Pingo, oder für mich? Oder kriegt jeder einen? Oder wollen wir losen?“

„Guten Tag, guten Tag. Ich bin der Fliegemax und heiße euch willkommen am Nordpol.“

„Ob ich euch Schi laufen beibringen kann, Petzi? Mit Vergnügen! Bitte, hier sind Schier.“

„Hoffentlich hat er die passende Größe für uns alle. Ach, ich freue mich ja so auf das Schifahren!"

„Na, habe ich euch eingesperrt? Los, stellt euch auf die Bretter — der Rest kommt von selbst."

„Hilfe, jetzt wirft er mit Brennholz nach uns! Ach so, das sind Schistöcke."

„Alles klar? Na, denn man los. Beobachtet mich genau und fahrt hinter mir her."

„Na prima, ihr könnt ja schon Schi fahren, bevor ihr es gelernt habt!"

„Wenn ihr bremsen wollt, hebt ihr ein Bein etwas an — so wie ich es mache."

„Autsch! Nein, das Bremsen lass' ich. Ich rufe lieber: Bahn frei!"

„Das war für den Anfang schon sehr gut, Freunde."

„Vorsicht, Fliegemax, du läufst gegen ... ja, ist das nun ein kleiner Eisberg oder ein großer Eiszapfen?"

„Hoffentlich sehen sie nun auch alle zu, damit sie lernen, wie man springt."

„Schnell, Pingo, der Fliegemax ist weg, wir müssen ihn suchen!"

„Gib mal bitte ein Seil her, Pelle. Oder hast du auch eine Leiter?"

„Juhu, Freunde, da bin ich wieder! So macht man das."

„Ja, man muß sich nur kurz abstoßen — schon ist man wieder an der frischen Luft."

„Paßt auf: ihr nehmt jetzt Fahrt auf, setzt kurz vor dem Iglu ab und schwebt über ihn weg."

„Pingo, Pelle, wir fliegen! Das macht Spaß, ich möchte nie mehr landen!"

„Au! Und ich habe immer gedacht, Schnee wäre weich. Dieser Iglu muß aus Eis sein."

„Alle Iglus sind aus Eis, Petzi. Guten Tag übrigens, ich freue mich, einmal Besuch durchs Dach zu kriegen."

„Ihr habt Glück gehabt, daß ihr in meinem Bett gelandet seid und daß ich nicht drin lag."

„Entschuldige bitte, Lutz, daß wir dein Haus kaputt gemacht haben."
„Das macht nichts, Petzi, ich baue mir ein neues."

„Dahinten kommen Seebär und Puck auf einem Schlitten."

„Den Schlitten hat sicher Seebär erfunden. Der weiß doch, was bequem ist."

„Jetzt wollen wir aber wirklich zum König. Ihr habt ja euren Schlitten, und wir haben Schier."

„Oh, was ist denn das? Der Himmel brennt ja!"

„Wenn das ein Blitz sein soll, warum donnert es dann nicht?"

„Freunde, ich glaube, ich habe Angst. So etwas haben wir doch noch nie gesehn!"

„Keine Angst, Kinder, das ist das Nordlicht! Habt ihr denn in der Schule geschlafen?"

„Was haben wir eigentlich gemacht, als wir noch nicht Schi fahren konnten?"

„Oh, das ist ja ein riesiger Schneeball. Den müssen wir uns genau ansehen."

„Vielleicht können wir ihn rollen und mitnehmen?"

„Hilfe, unser Schneeball platzt von selbst!“

„Da staunt ihr, was? Aber denkt nicht, daß Karin Kugel in jedem Schneeball sitzt!“

„Kommt mal mit auf den Hügel, da zeige ich euch, wie man einen Riesenschneeball macht.“

„Paßt auf, es kitzelt ein bißchen im Magen . . . Und schon ist man als Schneeball unten.“

„Halt, Pingo, mach das nicht nach! Ich sehe schon, du willst gleich hinterher.“

„Wir müssen jetzt weiter! Auf Wiedersehen, Karin!“

„Hurra, da ist das Schloß des Königs!“

„Ich freue mich schon darauf, dem König guten Tag zu sagen!“

„Vorsicht, Pingo, da war was im Schnee!“

„He, Petzi und Pingo, hört doch auf mit dem Unsinn!“

„Hört auf, das geht nicht gut! Ich mag gar nicht hinsehen!“

„Warum hört denn niemand auf mich? Hört auf, sag ich!"

„War das nicht lustig, Petzi? Aber gegen was sind wir eigentlich gestoßen?"

„Das weiß ich auch nicht. Wir können ja mal nachsehen."

„Huch! Pelle, hilf uns, es regt sich was im Schnee!"

„Hallo, ich bin es nur, der König vom Nordpol. Ich warte schon lange auf euch. Herzlich willkommen!"

„Seebär und Puck sind schon angekommen, aber ich kann sie nicht zum Sprechen bringen."

„Kommt herein, fühlt euch wie zu Hause. Ich hoffe, ihr geniert euch nicht so wie Seebär und Puck."

„Aber sie genieren sich doch gar nicht, sie schlafen!"

„Dann lassen wir sie ausschlafen bis das Essen fertig ist. Das Schnarchen stört ja hier nicht."

„Und jetzt hereinspaziert! Die Königin wird euch auch gleich begrüßen."

„Das ist das Eßzimmer. Wir haben es etwas größer gebaut, damit wir unsere Gäste ordentlich bewirten können."

„ESSEN!"

„Hat hier eben jemand ESSEN geflüstert, Puck?"
„Na klar, Seebär, es klang wie Musik!"

„Schnell, Puck, ein herrlicher Duft! Hoffentlich haben sie noch nicht angefangen!"

„Hoffentlich schmeckt euch mein Sonntagsgulasch. Es sind die Reste von der ganzen Woche darin, ich rühre sie einfach alle zusammen."

„Das ist ja ein ganz vorzügliches Gulasch, ein richtiges Königinnengulasch!“

„Ja, da staunt ihr, was? Wir sitzen hier immer auf Eisblökken. Wenn die Schüssel leer ist, sind auch die Stühle weg.“

„Kommt mit, ich zeige euch etwas. Wer weiß, wann ihr mal wieder zum Nordpol kommt.“

„Seht ihr das Türmchen? Das ist die Spitze der Erdachse.“

„Guten Tag, Emil Öl. Wir freuen uns, dich kennenzulernen. Der König sagt, du wärest der wichtigste Mann auf der Welt.“

„Ja, das bin ich auch. Jeden Sonntag muß ich die Erdachse ölen.“

„Jetzt zeige ich euch noch etwas. Aber seid vorsichtig auf der Treppe, sie ist aus Eis.“

„Und da oben wohnt der klügste Mann der Welt — abgesehen von mir natürlich."

„Guten Tag, ich begrüße die Gäste des Königs! Was ich euch zeige, dürft ihr nicht weitererzählen — es ist ein Geheimnis."

„Ich fülle drei Schaufeln gefrorenen Schnee hier in den Trichter. Petzi, du kannst mal kurbeln . . ."

„. . . und dann knipse ich das Licht an. Jetzt seht mal nach draußen, während ich puste . . ."

„Oh, wie schön! Dann machst du also das Nordlicht?“

„Ist das nicht herrlich? So eine Maschine müßten wir auch haben!“

„Ja, Nordlicht machen, das möchten viele. Aber das können nur wir.“

„Das ist zwar nicht gerade die feine königliche Art, aber es macht großen Spaß!“

„So, jetzt aber Schluß mit der Wissenschaft. Jetzt klatsche ich in die Hände . . .“

„. . . und schon erscheinen meine Kinder: Prinz Tolle und Prinzessin Rolle.“

„Guten Tag, guten Tag! Wie schön, daß wir mal Besuch haben!"

„Ein ganzer Schlitten voll fröhlicher Kinder! Haltet euch gegenseitig fest, damit niemand herausfällt!"

„Hoppla, glatt habt ihr es hier! Schlittschuh laufen kann ich noch nicht, aber ich kann sehr gut hinfallen."

„Ja, natürlich, ihr müßt alle Schlittschuhe anziehen. Wir bringen euch das Laufen schon bei!"

„Hilfe, ich kann meine Beine nicht halten! Sie laufen mir immer weg!"

„Na, Kinder, das geht ja schon gut! Aber du mußt aufstehen, Petzi, sonst frierst du fest."

„Komm, Petzi, ich zeige dir, wie man Schlittschuh läuft. Wenn der Bommel an deiner Mütze hält, fällst du auch nicht hin."

„Petzi ist ein Kreisel geworden, Rolle! Hoffentlich wird ihm nicht schlecht dabei."

„Nein, mir wird nie schlecht, Pingo, schon gar nicht, wenn ich Eis sehe!"

„Da kommen Seebär und Puck. Wirklich, die beiden fehlen nie, wenn es etwas zu essen gibt."

„Wir müssen uns beeilen, Puck!"

„Ja, Seebär, sonst ist das Eis alle!"

„Huch! Wir versinken im kalten Wasser!"

„Hilfe, Hilfe! Seebär, Puck! Schwimmt doch wenigstens."

„Nein, schwimmen können sie nicht, das Wasser ist schon wieder gefroren. Wir sägen sie aus."

„Gleich haben wir sie. Wir kennen das, Tolle und Rolle sind schon oft eingebrochen."

„Hallo, Puck! Na, du sitzt da ja ganz gut. Gleich haben wir auch Seebär."

„So, und jetzt schnell nach Hause. Wir müssen die Blöcke auftauen."

„Petzi, hoffentlich sind unsere Eisheiligen noch gesund!"

„Die Köpfe können sie schon wieder bewegen, seht mal!"

„Na, Petzi, ihr wollt wieder nach Hause? Dann vielen Dank für euren Besuch und gute Reise!"

„Du, Seebär, mußt Pingo zum Lachen bringen. Er kann sich nicht von Rolle trennen.“

„Auf Wiedersehn, auf Wiedersehen! Es war ja so schön bei euch!“

„Auf Wiedersehen, alle zusammen. Ja, eure Grüße will ich gerne bestellen. Kommt gut nach Hause!“

10. Auflage 1976

Aus dem Dänischen
RASMUS KLUMP PÅ NORDPOLEN

151176
ISBN 3 551 01007 2
Bestellnummer 01007